쟝원량우샹론

쟝원량우샹론

뎨일회

화셜녯젹에훈사룸이잇스니셩은쟝이라그
벗원싱이라ᄒᆞ는사룸이잇서서로맛나말ᄒᆞ
다가원이쟝ᄃᆞ려무러굴ᄋᆞ틱내일죽사룸의
말을드른죽선싱이예수의도를빅화밋어
힝훈다ᄒᆞ오니ᄯᆡ뎌셰샹사룸이그도를의론
ᄒᆞ눈쟈ㅣ만ᄒᆞ되셔로굿지아니훈지라내이
제즈셰히아지못ᄒᆞ거시두가지오니쳥컨대
션싱은즈셰히말솜ᄒᆞ읍쇼셔쟝이굴ᄋᆞ틱이

쟝원량우샹론 뎨일회 뎨일

제샹공의직죠와지식이놉ᄒᆞ시거늘무숨모
롤거시잇ᄉᆞ와하문ᄒᆞ시ᄂ뇨닐ᄋᆞ신바두가
지라ᄒᆞ심은무숨일이뇨원이굴ᄋᆞ틱훈가지
ᄂ예수쓰롤밋ᄂ다ᄒᆞ눈사룸은이엇더훈
사룸이며둘지ᄂ예수쓰롤밋ᄂ사룸이날
마다힝ᄒᆞ눈일이엇더훈모양이온지이제션
싱의게무러알고져ᄒᆞ노이다쟝이굴ᄋᆞ틱셰
샹에진심으로써예수쓰롤밋ᄂ사룸은다
른사룸과굿지아니홀이잇ᄂ이다원이굴ᄋᆞ
틱무숨일이굿지아니ᄒᆞ뇨쟝이굴ᄋᆞ틱음식

…이며 의복이며 다만 날노ᄒᆞᄂᆞᆫ 일은 대강 셰샹 사룸으로 더부러 서로 굿ᄒᆞ나 오직 ᄆᆞ음에 두어ᄒᆞᄂᆞᆫ 일은 셰샹 사룸과 굿지 아니ᄒᆞ온지라 시험ᄒᆞ야 대강 말ᄉᆞᆷᄒᆞ오리니 샹풍은 ᄃᆞᄅᆞ쇼셔 이제 예수쓰룰 밋ᄂᆞᆫ 사룸은 홀노 하ᄂᆞ님만 공경ᄒᆞ여 날마다 례비ᄒᆞᄂᆞ이다 원이 굴ᄋᆞ티 내 일죽 보건대 셰샹 사룸도 ᄯᅩᄒᆞᆫ 하ᄂᆞᆯ도 공경ᄒᆞ고 싸도 공경ᄒᆞ고 신령도 공경ᄒᆞ고 귀신도 공경ᄒᆞᄂᆞᆫ 쟈만 커놀엿지 예수쓰룰 밋ᄂᆞᆫ 쟈의 일은 다른 사룸과 굿지 안타 닐ᄋᆞᄂᆞ

노쟝이 굴ᄋᆞ티 셰샹 사룸의 공경ᄒᆞᄂᆞᆫ 바ᄂᆞᆫ 도모지 망녕된 ᄉᆞ으로써 사룸의 손으로 ᄆᆞᆫ든 화샹과 딩을 공경ᄒᆞ야 절ᄒᆞ니 도모지 소용업ᄂᆞᆫ 거즛거시라 셰샹에 거즛일은 허다ᄒᆞᆫ 거니와 춤된 일온 오직 하ᄂᆞ님 ᄒᆞᆫ 분만 공경ᄒᆞᆷ이니 이런고로 예수쓰룰 밋ᄂᆞᆫ 쟈ᄂᆞᆫ 다른 사룸과 굿지 안타 ᄒᆞᄂᆞᆫ이다 원이 굴ᄋᆞ티 이러ᄒᆞᆫ게 말ᄒᆞᆯ진대 과연 굿지 아니ᄒᆞ오나 다만 셰샹 사룸의 공경ᄒᆞᄂᆞᆫ 거슨 다 허탄ᄒᆞᆫ 거시라 ᄒᆞ오니 듯ᄂᆞᆫ 사룸이 다 깃버 아니ᄒᆞ고 도로혀 선셩을 그…

르다흘가흐느이다쟝이굴으틱나도이러흔
말을셰샹사룸이듯기를됴하아니흘줄을엇
지모로리오나도이왕에셰샹리치를조셰히
알기젼에는이러흐게말흐는사룸이잇스면
도로혀그르게녁엿더니그후에셩신이감화
흐심을힘닙어므음에붉히셰다른후에믄득
이런말이과연진실흐고죠곰도그르지아니
흔줄을알고이에젼에흐던일과힝실을다곳
쳐다시거즛일을힝치아니흐니이러흠으로
부터셰샹사룸이도로혀나를그르게녁여여

쟝원량우샹론 뎨일회

뎨삼

러가지말노나를훼방흐되내이날싸지심즁
에안연흐야사룸의말을두려워흐지안느이
다원이굴으틱나도이왕에셰샹사룸이션싱
을시비흐는말을듯고므음에의혹흐엿더니
이제션싱울틱흐여말솜을듯스오니과연명
빅흐도소이다쟝이굴으틱나도이왕에쏘흔
셰샹사룸으로더부러왕리흐여혹우샹과팅
에도졀흐며술도먹고허탄흔일을허다흐게
힝흐되그셰에는나를그르다흐여훼방흐는
사룸이엽더니내가이젼흐던모양을다곳치

고다만하ᄂᆞᆫ님만공경ᄒᆞ야셤기ᄂᆞ니이후로
부러셰샹사ᄅᆞᆷ이도로혀나ᄅᆞᆯ업ᄉᆔ히녁이며
여러가지로나ᄅᆞᆯ훼방ᄒᆞᆯᄲᅮᆫ아니라내집안사
ᄅᆞᆷ도ᄯᅩᄒᆞᆫ나ᄅᆞᆯ흉보와훼방ᄒᆞ고ᄒᆞᄂᆞᆫ말이내
가죠샹의녯법울ᄇᆞ리고부모ᄅᆞᆯ모론다ᄒᆞ되
그러ᄒᆞ나내ᄆᆞᄋᆞᆷ에ᄂᆞᆫ실노불효가아니라셰
샹사ᄅᆞᆷ이다하ᄂᆞᆫ님이엇더ᄒᆞ심울아지못
ᄒᆞ여모단거줏일만ᄒᆡᆼᄒᆞ고도로혀나ᄅᆞᆯ업ᄉᆔ
히녁이ᄂᆞᆫ줄을아노이다원이ᄀᆞᆯᄋᆞᄐᆡ하ᄂᆞᆫ
님이라ᄒᆞᆷ은엇치ᄒᆞᆫ말이뇨쟝이ᄀᆞᆯᄋᆞᄐᆡ하

쟝원량우샹론 데일회

예ᄉ

ᄂᆞ님이라ᄒᆞᆷ은이에련디만물의근본이니젼
허능ᄒᆞ시며지극히놉ᄒᆞ시며지극히셩실ᄒᆞ
시며지극히착ᄒᆞ심이니이다원이ᄀᆞᆯᄋᆞᄐᆡ
하ᄂᆞᆫ님이라ᄒᆞᆷ은곳하놀을가ᄅᆞ쳐닐은말이
뇨쟝이ᄀᆞᆯᄋᆞᄐᆡ굿지아니ᄒᆞ니이다원이ᄀᆞᆯᄋᆞ
ᄐᆡ엇지써다ᄅᆞᆷ이잇ᄂᆞ뇨쟝이손으로써압히
ᄒᆞᆫ탁조를가ᄅᆞ쳐닐으ᄐᆡ샹공은이탁조를보
쇼셔이거시근본목슈의손으로믄든물건이
어이탁조가엇지목슈와굿다ᄒᆞ리오이제
하ᄂᆞᆫ님이하놀과굿지아니ᄒᆞᆷ도ᄯᅩᄒᆞᆫ그러ᄒᆞ

오니때개 하느님이라홈은곳죠화올닐음
이오하늘이라홈은이에 하느님이믄든믈
건이니이다원이말을듯고이윽호여다시무
러글으티그러호면 하느님이곳런디를쥬
관호시느뇨쟝이듸답호여글으티실노그러
호오니 하느님이런디만믈을쥬관호야일
년스시롤되게호여셰샹사룸의만가지로쓰
는거술주시느니이러홈으로써련하만국사
롬이맛당히공경흘바는오직 하느님밧게
업느이다원이글으티 하느님을다르게닐

쟝원량우샹론 뎨일회

뎨오

크룸이잇느뇨쟝이글으티 하느님올닐크
러후련디에큰쥬재라호며혹쵸믈쥬재라호
며혹젼능호다호야여러가지로닐크룸은다
예수쓰밋는사룸의공경호는바 하느님
을가르쳐닐룸이니때개에수룰밋는사룸
은다제몸에죄잇는줄을알아뉘웃쳐곳치느
니혹이왕에악혼일을힝호야사룸을힉호며
후도적질호며혹화샹과팅에졀호며혹샤술
도밋으며혹거즛말도호며혹간음도호며혹
졔몸을눕히며죵죵악혼셩각을결단코다곳

치리니능히곳치지못ᄒ는사룸은밋지아니
홈이니이다원이굴ᄋ디이편ᄒ면즈션도쳔
마는다만세샹사룸이이려께편ᄒ기들여려
위흘가ᄒ뇌이다쟝이굴ᄋ디파연이일이
어려온거슨본리악훈므음이잇고션훈므음
이업슴이니가쟝요긴훈거슨제몸에죄를아
는거시라때개사룸이제몸에죄믈세듯지못
ᄒ야능히뉘웃쳐곳치지못ᄒ고다만므음에
답답흠은임의하ᄂ님께죄믈엇은바니결
단코곳칠거시니이다원이굴ᄋ틔이러ᄒ게

말ᄒ면사룸의므음이편안치아니ᄒ고즐거
위ᄒ지아니ᄒ여세샹사룸이다죄를뉘웃쳐
곳치기를깃거아니홀가ᄒ노이다쟝이굴ᄋ
틔죄를뉘웃쳐곳치는거시이에편안ᄒ고즐
거옴이되는근본이니비유ᄒ야닐ᄋ면내가
년젼에윈편팔에죵긔가낫기로의윈을쳥ᄒ
야곳치려ᄒ니의윈이닐ᄋ티이죵긔에근이
깁ᄒ시니맛당히파죵ᄒ여고름을훌녀니인
후에야합챵ᄒ련이와그리치아니ᄒ면괄을
브리게되리라ᄒ되내므ᄋ에압훈거슬싱각

흐야그말을듯지아니흐고흐로밤을지닉엿
더니의원이다시와나를권흐여닐으틱이제
압흔거술참아파종흐면잠시동안애고셩을
밧으런이와만일파종곳아니흐면팔만브릴
쏜아니라목숨을보전치못흐리라흐고두세
번권흐거늘내이말을듯고크게놀나밤낫이
틀을자지도못흐고먹지도못흐고스스로셩
각흐아닐으틱내엇지잠시에고셩을밧아써
목숨을보전치아니리오흐고붐기를기득려
다시의원을청흐여즉시파종훈후에보름을

쟝원량우샹론 데일회

지나지못흐야팔이쾌히나읏스니이제사름
이죄를곳치는것도쏘훈그리흐너셰샹사름
이다하ㄴ님게셩전소후에고셩을밧을거
시로틱하ㄴ님이큰은혜를베프러셰샹사
름을불샹히넉이고밋망히넉이샤이예
수씨를보내여셰샹에나려와우리사름을틱
신흐야죄를쇽흐고우리로흐여곰다죄를곳
치게흐엿시니이제예수를밋고죄를곳치
면반드시샤죄흐심을엇고만일예수를밋
지아니흐고죄를곳치아니흐면디옥애무

궁훈고셩을면쳐못흐리니쳥권대샹공은셩
각흐쇼셔이졔죄룰곳쳐는거시잠시괴로옴
파디옥에고셩흠이어ᄂ거시가쟝건틱기어
려오리오원이굴ᄋ틱디옥에오래고셩흠이
주션견틱기어려오리이다쟝이굴ᄋ틱사룸
이죄룰뉘웃쳐곳쳐는거시이에촘도로가ᄂ
요긴훈길이니련당에오르고져흐면반드시
이길노좃차갈거시니 하ᄂ님이셰샹만국
사룸으로흐여곰희기흐라흐시기룰악훈사
룸은맛당히그악훈거슬ᄇ리고올치안케흐

쟝원량우샹론　대일회　　대팔

눈사룸은쇼훈을치아니훔울ᄇ려 하ᄂ님
게로도라가면 하ᄂ님이반드시크게어엿
비넉이샤죄룰샤흐심이한량이업다흐엿시
니에수씨룰밋눈쟈눈다이말슘을좃차쎠
뉘웃쳐곳칠거시니이러훔으로써다룬사룸
파굿지아니흐오니이졔샹공은조셰히셩각
흐시면곳 에수씨룰밋눈사룸의ᄆ음에두
어힝흐눈일을ᄯ강알니이다

뎨이회

그후에두사룸이다시맛나인스훈후에원이
굴으디사룸의죄를폐기호는리치는임의조
셰히아오나예수씨밋노다호는뜻을아지
못호와션싱의계굿고져호느이다쟝이굴으
티고루룸을폐아리지아니호고훈두가지를
말숨호엿거니와이쩨쏘상공을위호야말숨
호리이다예수라룸은하느님아둘울닐
큰룸이니이다원이굴으디하느님아둘이
라룸은무숨뜻이뇨하느님이엇지아둘이

쟝원량우샹론　메이회　데구

잇소리오쟝이굴으티하느님이다만훈분
이로때그때에셰위가잇스니후셩부라호며
후셩조라호며후셩신이라호되세가지하
누님이아니라다만하느님훈분을가로쳐
닐음이니이다원이굴으디하느님아둘을
엇지호야예수라호엿노쟝이굴으디
예수라룸은이예유래국말이니곳구원호는
뜻이라눈하느님아둘이셰샹에누려와
사룸을구원호고져호셰예수라일훔호니이
다원이굴으디예수씨는또훈우리로더브

러릿훈사룸이뇨쟝이굴오되예수씨눈사
름에비훙면더욱놉훙시니만인과만물이다
그아래잇눈이다원이굴오되그러훈면큰셩
현이되눈뇨쟝이굴오되셩현에비훙여도지
극히놉훙시니지조룸의룬훙며가르침울의
룬훙며공덕울의룬훙면셰샹십샹훈셩현의
게비훌바아니라때개지조룸써만훙면셩현

쟝원량우샹론 데이회

데십

수씨눈하느님파훈셩품이오훈품이라지
극히거룩훙시며전허눙훙심이잇고가르침
으로써말훙면셰샹셩현의가르치눈도눈오
룬과레의를다훙엿시니비록됴훙나됴훈셰
샹사룸의지극훈가르침이되지못훙교오히
려여러가지요긴훈리치가잇스되셰샹셩현
은일즉론난치아니훙엿스되오직예수씨
의사룸가르침은훈나도부죡훌이업고일호
라도셰진거시업스매사룸이맛당히하느
님울두려위훙고품을닥그며부모의게효도

호며부모업는으희와의탁업는과부와가난
혼사룸을불상이녁이는거순예수씨가다
론난호셧시니다만사룸을가르쳐몸을닥고
집울가직히호고나라를다스리는일섇아니
라쏘혼사룸으로호여곰죄를브리고악울곳
치고령혼을구원호고무궁혼복엇는도를가
르치고셰샹셩현의사룸가르침은다만이셰
샹눈압히일섇이오오는셰샹과죽은후일파
죄욕호는리치와다시사는도와셰샹심판호
는리치와거리복되고기리화되는리치눈다

쟝원량우샹론 대이회 십일

론난치아니혼고로죽히지국혼가르침이되
못혼리치도 예수씨는다말슴호셧고또공
애수씨도또혼가르치시고셩현의론난치
지못호고셰샹셩현의가르친바춤리치눈
덕으로써의론호면셩현은다만도로써그본
국사룸을가르쳐덕으로써인도흘섇이오일
죽사룸을티신호야고셩을밧지아니호며몸
울브려사룸을구원치아니호엿거니와에
수씨는문득사룸을도로써가르치며덕으로
쎠사룸을인도흘섇아니호나라이에만국사룸을

딕신하야사람의죄를속하고자긔싱명을바려셰샹사람의령혼을구하고소괴롬졔죽음을밧아우리죄인둘이디욱에쌔질고싱을면케하얏시니대개 예수씨가우리사람을크게사랑하샤민망히녁이심이이굿한지라셰샹셩현은사람의힘밧게뿌혀나는일을힝치못한지라또더소경사람으로하여곰보게하며귀먹은사람으로듯게하며병든사람을낫게하며죽은사람을다시살게하는이런등사는셩현이한가지도힝치못하엿시되예수

씨는여러번힝홈이잇고또 예수씨가이러하게비샹한일울힝하엿시되어두온곳에셔힝홈이아니라모든사람의눈압희셔힝홈이오묘한슐법으로써힝홈이아니라대개하ᄂᆞᆷ의크게능하심으로써힝홈이오사람으로써귀이하게알고놀나히녁이게하고져홈이아니라이에셰샹사람으로하여곰그셰샹울구원하는줄을알게홈이니이러홈으로써예수씨는일만셩현에비하면더욱눕하시니이다원이굴으틱이제션싱이이러득시말

숨흥시오니 예수씨는곳세샹셩현보다즈
연놉고귀흥도소이다일죽내ᄆᆞᆷ에이려훈
리치를붉히알고겨흠이오래되그ᄌ셰흠울
듯지못흥엿더니오날션싱의말ᄉᆞᆷ울듯ᄉᆞ오
니ᄯᅢ단이감격흥오이다쟝이ᄭᅮᆯ으틱이제샹
공이이려훈리치를붉히아옵심은반다시
하ᄂᆞ님의셩신이감화흥여샹공으로흥여곰
붉히알게흥심이니쳥컨대샹공은틱에도라
가셔거든맛당히죠용흥고씩굿훈곳에안자
하ᄂᆞ님게레비흥고 하ᄂᆞ님이빗스로써

쟝원량우샹론 메이회 십삼

ᄆᆞᆷ에빗취기를구흥면이에더욱붉히알니
이다원이ᄭᅮᆯ으틱내이제션싱의말숨티로흥
려니와그려흥오나 예수라흥ᄂᆞᆫ뜻은ᄌ셰
히알엇거니와ᄯᅩ밋ᄂᆞᆫ다흥ᄂᆞᆫ뜻을알고겨흥
ᄂᆞ이다쟝이ᄭᅮᆯ으틱밋ᄂᆞᆫ다훔은곳사름이셩
신의은혜를밧아졍셩으로밋음을닐음이니
하ᄂᆞ님이크게인조흥시고크게은혜흥샤
예수의속죄훈공으로써셰샹사름의게나
타나게흥시니ᄯᅢ개셰샹사름이모다 하ᄂᆞ
님의법을법흥야쓰ᄂᆞ니맛당히형벌을밧을거

시로대오직 하ᄂᆞ님이지국훈은헤룰우리

의게베푸샤 에수씨룰보내여사룸을딕신

흐야고싱울당흐시고셩셕룰젼흐야우리사

룸으로붉히알게흐시니누구던지실노제몸

에죄룰알아뉘웃쳐곳쳐진심으로에수

룰밋으면반드시구흠울엇으리니귀신울힘

닙지도못흐고조샹울힘닙지도못흐대흘노

에수룰힘닙으면령혼울구흐고기리복밧

음울보라고반드시구원흠울엇어디옥에쌔

지지아니리니이굿치횡흐눈사룸은춤에

쟝원량우샹론

데ᄆᆞ회

십스

수룰밋음이니이다원이글오미이졔션싱의

말숨울듯소니문득ᄆᆞ음이쇠훤흐거니와

에수룰밋눈사룸은무숨유익흠이잇ᄂᆞ뇨

쟝이굴오티진실노크게유익흐오니첫지눈

밋눈사룸의죄악은크던지적던지다샤흐야

면흠울엇고둘지눈쏘그사룸의ᄆᆞ음이셩신

의감동흐심울닙어반드시씩굿흐게되야악

훈싱각이엽고션훈싱각만나게흐고셋지눈

쏘셰샹에어려온일울당훌쌔에도셩신이그

ᄆᆞ음울위로흐아비록고싱즁에잇셔모오히

려 깃부고 평안흠을 엇게ᄒ고 넷직는 그 죽은
후에 령혼을 구원ᄒ야 텬당에 올나 무궁흔 복
울 밧게ᄒ고 밋지아니ᄒ는 사룸은 반드시 이
러흔 복을 일허브리고 디옥에 쌔져 무궁흔 고
셩울 밧ᄂ니 때더 밋지아니흔는 사룸의 복은
죽눈 날에 니르러 다ᄒ거니와 밋는 사룸의 복
온 티티로 너르도록 다 흠이 업ᄂ니 이는 에
수씨 밋는 사룸의 크게 유익흠이니이다

쟝원량우샹론

데이회

一

뎨삼회

쏘ᄒ로ᄂ쟝이원의집에니ᄅ러두사룸이뎌
ᄒ여안졋더니원이굴ᄋ틴젼일에예수씨
밋ᄂ다ᄒᄂ말슴은임의즈셰히알아ᄉ겁거니
와오날오시매무슴가ᄅ치심이잇ᄉ리잇가
쟝이굴ᄋ틴엇지가ᄅ침이잇ᄉ리오마ᄂ우
리셔로맛나니아기나ᄒ살샌이니넷사룸도쏘
ᄒ도학을의론흠이무궁호때죽ᄂ틴니ᄅ러
ᄂ다ᄒ지못ᄒ니이다내가젼일에말ᄒ기ᄅ
예수씨밋ᄂ사룸은하ᄂ님을공경ᄒ고

쟝원량우샹론 뎨삼회

십륙

죄를회기ᄒ면반다시예수를힘닙음이잇
다ᄒ지라그러흠으로써예수씨밋ᄂ사룸
은가쟝하ᄂ에잇ᄂ일을즁히녁이고싸에잇
ᄂ일은즁히녁이지아니ᄒᄂ니때더싸에잇
ᄂ일은잡시에셔지나지못ᄒ거니와하ᄂ에
잇ᄂ일은무궁흠이니이다원이굴ᄋ틴하ᄂ
에잇ᄂ일이라흠은엇지훈말슴이뇨쟝이굴
ᄋ틴하ᄂ에잇ᄂ일이두가지잇ᄉ니션훈사
룸은죽은후에련당에무궁훈복을엇어틴틴
에니ᄅ도록다흠이업고쏘션훈사룸은셩젼

에 하ᄂᆞ님게 은혜와 ᄉᆞ랑홈을 엇어 ᄆᆞ음이 편안ᄒᆞ고 셩신이 감화ᄒᆞ야 그 ᄆᆞ음을 씩굿ᄒᆞ게 ᄒᆞᄂᆞ 곳이 셰샹과 오ᄂᆞ 셰샹을 아올녀 합ᄒᆞ야 ᄒᆞᆫ가지 되ᄂᆞ니 그 젼에 엇은 바ᄂᆞ 쇼ᄒᆞᆫ 그 후에도 엇고 그 젼에 엇지 못ᄒᆞᆫ 자ᄂᆞ 반ᄃᆞ시 그 후에도 엇지 못ᄒᆞᆫ지라 그러홈으로ᄡᅥ 이 셰샹에 하ᄂᆞ님을 공경ᄒᆞᄂᆞ 사름은 반ᄃᆞ시 오ᄂᆞ 셰샹에 복이 잇고 이 셰샹에 하ᄂᆞ님을 공경치 아니ᄒᆞᆫ 사름은 곳 오ᄂᆞ 셰샹애 화ᄅᆞᆯ 밧ᄂᆞ이다 원이 굴ᄋᆞ딕 ᄯᅡ에 잇ᄂᆞ 일은 무ᄉᆞᆷ 일이뇨

쟝이 굴ᄋᆞ딕 ᄯᅡ에 잇ᄂᆞ 일은 벼슬과 직물과 권셰에 일쏀이니이다 원이 굴ᄋᆞ딕 내가 보ᄆᆡ 셰샹 사름이 도모지 ᄯᅡ에 잇ᄂᆞ 일만 즁히 녁여 다만 배부르고 편안ᄒᆞᆫ 것만 도모ᄒᆞ고 하늘에 잇ᄂᆞ 일은 ᄆᆞ음에 두지 아니ᄒᆞ엿지 그릇홈이 아니리오 쟝이 굴ᄋᆞ딕 그릇홈이 ᄌᆞ연 잇슬지ᄂᆞ 이 굿치 ᄒᆡᆼᄒᆞᄂᆞ 사름은 즘셩과 굿ᄒᆞᆫ 모양이ᄂᆞ 즘셩이 쇼ᄒᆞᆫ 배부르고 편안ᄒᆞᆫ 것만 깃버ᄒᆞᄂᆞ이다 원이 굴ᄋᆞ딕 다만 ᄯᅡ에 잇ᄂᆞ 일은 눈으로 보고 귀으로 듯고 입으로 맛보며 손으로 만

지는거시오하늘에잇는일은눈에보지못ᄒ
고귀에듯지못ᄒ며입에맛보지못ᄒ고손에
믄지임이업는지라그런고로셰샹사름이다
하늘우에잇는일은아지못ᄒ고싸우에잇는
일만즁히녁이나이다쟝ᄎ굴오듸셰샹사름
이다눈압히일은능히오래지못ᄒ고죽는날
에니르러무익흠을싱각지못흠이라이제샹
공의숫에는하늘에잇는일은멀게녁여사름
이다싱각지안는다ᄒ오나다만내싱각에는
멀게녁이지아니ᄒ을쎤아니라하늘우에일은

지극히씍굿ᄒ거시로대사름의ᄆ음이다악
ᄒ고로하늘에잇는일을싱각지못흠이라대
더셰샹에잇는일은비록멀지라도쏘ᄒ흔즁히
녁이는비유ᄒ야말을진대이제글공부ᄒ
는선비가진소와급뎨ᄒ기를뉘아니ᄇ라리
오마ᄂ그러ᄒ나이는다후에ᄒ일을위흠이
나선비들이다능히엇을배로대엇지못ᄒ고
다만ᄇ라는ᄆ음만잇서흥샹슈고를마지아
니ᄒ고쏘롱소ᄒ는사름이봄졀을당ᄒ야밧
갈고심으되그곡식이가을에잘될줄도아지

못ᄒᆞ고 쇼제 몸에 목숨이 엇더ᄒᆞᆯ줄을 아지못

ᄒᆞ되 이굿치 슈고ᄒᆞ흠을 앗기지 아니ᄒᆞ고 쇼쟝

슈ᄂᆞᆫ 사름이 물건을 사고 팔며 돈을 주고 밧

으매 밤낫으로 편안치못ᄒᆞᄂᆞᆫ 거시다 쟝리에

리를 경영흠이로 대돈을 놈기지못ᄒᆞᆯ쓴더러

종죵 본젼에 해를 밧으되 쟝ᄉᆞᄒᆞᄂᆞᆫ 사름이다

ᄂᆞ션비와 롱부와 쟝인과 쟝ᄉᆞ들이 모다 쟝리

를 위ᄒᆞ야 슈고흠을 앗기지 아니ᄒᆞᄂᆞ 세샹

사름이다 하ᄂᆞᆯ에 잇ᄂᆞᆫ 일노써 즁히 넉이지 아

쟝원량우샹론

데삼회

십구

ᄂᆞ흠은 그멀게 잇다 흠이 아니라 세샹에 잇ᄂᆞᆫ

일은 션비와 롱부와 쟝인과 쟝ᄉᆞ들의 소원도

일은 진심으로 구ᄒᆞᄂᆞᆫ 사름은 반드시 엇을이

무음 틱로 엇지 못ᄒᆞ려ᄂᆞ니 와 오직 하ᄂᆞᆯ에 잇ᄂᆞᆫ

ᄂᆞ일즉 예수씨 글ᄋᆞ샤 틱대 내게로 도라

오ᄂᆞᆫ 사름은 내가 브리지 아니 ᄒᆞ리라 ᄒᆞ셧시

ᄂᆞ이러흠으로써 사름이 졍셩으로 예수씨

를 밋어 은혜를 구ᄒᆞ고 복을 빌면 반드시 소원

울 엇으리니 ᄂᆞ이제 세샹 사름이 하ᄂᆞᆯ우에 무궁

흔복을 즁히 넉이지 아니 흠은 실노 그 무음이

악ᄒᆞ야즐겨구치아니ᄒᆞᆷ이니이다원이ᄅᆞᆫᄋ
틱넷글에닐ᄋ틱션ᄒᆞᆫ일을ᄒᆞᄂᆞᆫ사ᄅᆞᆷ의집에
ᄂᆞᆫ반득시남ᄋ지졍수가잇서조손이그복울
너어후틱에션치지안ᄂᆞᆫ다ᄒᆞ야쓰니엇지션
싱의ᄯᅳᆺᄋ로더부러서로굿지아니ᄒᆞ리오쟝
이클ᄋ틱이ᄂᆞᆫ대강굿지아니ᄒᆞ니대개션ᄒᆞᆫ
사ᄅᆞᆷ도반득시다조손이잇지못ᄒᆞ고쑈조손
이잇슬지라도반득시다복이잇지못ᄒᆞᄂᆞ니
넷사ᄅᆞᆷ이조손의복울말ᄒᆞᆷ은세샹에부귀를

쟝원량우샹론 뎨삼회

이십

가르쳐닐음이니믄득즉금사ᄅᆞᆷ의구ᄒᆞᄂᆞᆫ바
세샹복으로더부러서로굿ᄒᆞᄂᆞ다만세샹에
부귀가사ᄅᆞᆷ의ᄆᆞ음에쾌흘거시아니오능히
덕을더ᄒᆞ지못ᄒᆞ고쑈능히오래지못ᄒᆞ리니
곳션ᄒᆞᆫ사ᄅᆞᆷ의집에반득시남ᄋ지졍수가잇
다흠은이에션ᄒᆞᆫ사ᄅᆞᆷ의조손이덧덧ᄒᆞᆫ직업
이잇슴을닐음이니내이제닐은바복은그러
훈복에셔나으니비유ᄒᆞ야말ᄒᆞ면사ᄅᆞᆷ이버
러지보득낫고령혼이육신보득나은지라이
제닐은바복은곳션ᄒᆞᆫ사ᄅᆞᆷ이죽은후에그령
혼이련당에복밧음을닐음이니이다원이클

으틱내일죽사ᄅᆞᆷ의말을드르니사ᄅᆞᆷ죽는거
시등불써짐굿ᄒᆞ야령혼이믄득업서진다ᄒᆞ
오ᄂᆞ과연그려ᄒᆞ오면무숨복이잇스리오쟝
이굴으틱나도이려ᄒᆞ말을여러번드럿거니
와실노합지아니ᄒᆞ지라데더사ᄅᆞᆷ의령혼은
ᄒᆞᆼ샹잇서몸이죽은후에도오히려살아잇ᄂᆞ
니그려흠으로써션ᄒᆞᆫ사ᄅᆞᆷ은무궁ᄒᆞᆫ복을누
리고악ᄒᆞᆫ사ᄅᆞᆷ은무궁ᄒᆞᆫ고싱을밧나이다원
이굴으틱내일죽사ᄅᆞᆷ의말을드르니몸과령
혼이서로의지ᄒᆞ눈고로령혼이잇스면몸이

살고령혼이가면몸이죽는다ᄒᆞ고쏘몸이살
면령혼이잇고몸이죽으면령혼이업서진다
ᄒᆞ오ᄂᆞ이는션싱의말슴과굿지아니ᄒᆞ니이
다쟝이굴으틱이말은때단이굿지아니ᄒᆞ녀
만일사ᄅᆞᆷ이죽은후에령혼이쏘ᄒᆞᆫ업서지면
사ᄅᆞᆷ이엇지즘싱보다귀ᄒᆞ며만물가온듸가
쟝령흠이되리오쏘만일몸죽은후에령혼이
업다ᄒᆞ면곳사ᄅᆞᆷ이엇지무덤에절ᄒᆞ며조상
의게데ᄒᆞ느뇨이제세샹풍쇽이죽은사ᄅᆞᆷ의
게절ᄒᆞ며데ᄒᆞ눈일은예수씨밋눈사ᄅᆞᆷ은

다힝치아니ᄒᆞ거니와다만교밧게사ᄅᆞᆷ은다희마다이굿치힝ᄒᆞᄂᆞ니이일노ᄡᅥ보건ᄃᆡ사ᄅᆞᆷ이비록령혼이업다말ᄒᆞ나그ᄆᆞ음에ᄂᆞᆫ반두시죽은후에령혼이잇ᄂᆞᆫ줄을아ᄂᆞᆫ지라만일조샹의령혼이업다ᄒᆞ면ᄃᆡ물을챠려곳뉘게드리려ᄒᆞᄂᆞ뇨이졔셰샹사ᄅᆞᆷ마다무궁ᄒᆞᆫ복을엇고져ᄒᆞ나다만이셰샹에잇ᄂᆞᆫ복은오래지못ᄒᆞᆯ거시오오ᄂᆞᆫ셰샹에ᄂᆞᆫ무궁ᄒᆞᆫ복이잇ᄂᆞᆫ줄을알지라이졔즘싱을보건ᄃᆡ즘싱은눈압히일노ᄡᅥ쥭흠을슴으려니와ᄒᆞᆯ노사ᄅᆞᆷ의소원은눈압히일노ᄡᅥ부족히녁임은엇진연고뇨대개이셰샹에ᄂᆞᆫ복이가득ᄒᆞᆫ곳이업거니와오ᄂᆞᆫ셰샹에ᄂᆞᆫ무궁ᄒᆞᆫ복이잇ᄂᆞ니만일사ᄅᆞᆷ이죽은후에령혼이ᄯᅩᄒᆞᆫ업서지면오ᄂᆞᆫ세샹에복도업스리니이ᄂᆞᆫ반드시령혼이항샹잇고업서지지아니ᄒᆞᄂᆞᆫ리치니이다원이ᄀᆞᆯ오ᄃᆡ내일죽사ᄅᆞᆷ의말을드르니션ᄒᆞᆫ사ᄅᆞᆷ은죽은후에령혼이텬당에오르고악ᄒᆞᆫ사ᄅᆞᆷ은죽은후에령혼이디옥에ᄲᅡ지고쇼션ᄒᆞᆫ일도업고악ᄒᆞᆫ일도업ᄂᆞᆫ사ᄅᆞᆷ은다시사ᄅᆞᆷ의

몸을타나셔전싱ᄐᆡ로부귀빈쳔을밧고혹몸
을변ᄒᆞ야즘싱도되야난다ᄒᆞ니과연이런리
치가잇ᄂᆞ뇨쟝이ᄀᆞᆯᄋᆞᄃᆡ대뎌션ᄒᆞᆫ사ᄅᆞᆷ이텬
당에오르고악ᄒᆞᆫ사ᄅᆞᆷ은디옥에ᄲᅡ진다ᄒᆞᆷ은
실노이러ᄒᆞᆫ리치가잇거니와션ᄒᆞᆷ도업고악
ᄒᆞᆷ도업ᄂᆞᆫ사ᄅᆞᆷ은다시사ᄅᆞᆷ의몸을타나며변
ᄒᆞ야즘싱이된다ᄒᆞᆷ은엇지이러ᄒᆞᆫ리치가잇
ᄉᆞ리오원이ᄀᆞᆯᄋᆞᄃᆡ내일죽드르매사ᄅᆞᆷ이만
물에가쟝령ᄒᆞᆷ이된다ᄒᆞ엿ᄉᆞ니곳령ᄒᆞᆫ이흥
샹잇ᄂᆞᆫ줄을알거니와넷적졔나라무뎨ᄯᅢ에

범진이라ᄒᆞᄂᆞᆫ사ᄅᆞᆷ이닐ᄋᆞ되사ᄅᆞᆷ의형테에
신이잇슴이칼에날이잇슴과ᄀᆞᆺᄒᆞ니대개칼
이업서지면날이잇지못ᄒᆞᄂᆞ니엇지형테업
서지고신이홀노잇ᄉᆞ리오ᄒᆞ니이러ᄒᆞᆫ말이
션싱의ᄆᆞᄋᆞᆷ에ᄂᆞᆫ엇더ᄒᆞ뇨쟝이ᄀᆞᆯᄋᆞᄃᆡ이말
이크게리치에합당치못ᄒᆞᆫ지라셰샹리치가
엇지그러ᄒᆞᆫ게비유ᄒᆞᆷ이잇ᄉᆞ리오대뎌칼이
업서지면날도ᄯᅩᄒᆞᆫ업서짐은사ᄅᆞᆷ마다아ᄂᆞᆫ
바라다만령혼이육신에잇ᄂᆞᆫ것과크게ᄀᆞᆺ지
아니ᄒᆞ니사ᄅᆞᆷ의몸에령혼이잇ᄉᆞ면살고령

혼이업소면죽는거슨곳몸이령혼을힘닙어
잇슴이오칼이잇스면날이잇고칼이업스면
날이업서짐은곳날이칼을힘닙어잇슴이라
몸에는령혼이잇스면살고령혼이업스면죽
으려니와칼에는날이업서도칼이흥샹잇느
니엇지굿치비유흐리오이제비유흐야닐으
면신이형톄에잇슴이새가도롱에잇슴과굿
지면새가날아가고촉불이쎠지면등롱이어
고촉불이등롱에잇슴과굿흐니됴롱이부쉬
둡느니령혼이몸에잇슴도또흔그러흠이니

댱원량우샹론 뎨삼회

이십삼

이다원이글으틱그러흐나새도오래살지못
흐고촉불도오래붉지못흐거늘엇지령혼은
오래잇스리오쟝이글으틱새와촉불은물건
이라형용이잇스니반드시업서질날이잇스
려니와령혼은곳신이라형용이업스니진실
노한량업시잇느이다

수일후에원이다시쟝의집에니ᄅ니문득날
이져무럿ᄂ지라쟝이집압히오동나무아래
안좃다가반기며마져드려두사롬이서로말
솜흘시원이글으딕선싱이엇지흥야홀노여
거안져계시묘쟝이글으딕넷사룸이닐읏시
되사름이흐로라도선훈일을싱각지아니흥
면모든악훈ᄆ음이다좃차난다흥엇시니내
일즉낫제ᄂ일이만코도오고가ᄂ사름이만
하선훈일을싱각흥기어렵더니이제믓춤밤

이오매일이업기로여거안져ᄆ음에ㄱ만히
싱각흘쏀아니라쏘훈돌이붉고하ᄂ을이묽으
매들과별을가히보음즉흥기로안좃ᄂ이다
원이글으딕선싱이텬문을아시ᄂ뇨쟝이글
으틱나ᄂ텬문을알고져흡이아니라다만하
늘을보매하ᄂ을우에별과돌이묽고붉으매
하ᄂ님의큰덕에빗취임을싱각흥ᄂ니대개
하ᄂ모양이이처럼아름답고아름다오니곳
하ᄂ모양을믄든하ᄂ님이더욱아름다옴
을알니이다원이듯기를믓치매이윽히잇다

가로으틱이왕에는내ᄆᆞ음이어두어싸에든
두더쥐굿치하늘은싱각지못ᄒᆞ고다만옷닙
기와밥먹기만싱각ᄒᆞ고련디만물쥬관훈이
가계신줄아지못ᄒᆞ엿시니엇지옷갑지아니
ᄒᆞ리오ᄒᆞ며뉘웃기를마지아니ᄒᆞ고눈믈울
홀니거늘쟝이위로ᄒᆞ야글으틱샹공은과히
ᄆᆞ음을샹ᄒᆞ지마읍소셔내이제샹공의ᄆᆞ음
울보니과연진실훈줄을알지라나도어려셔
부터ᄆᆞ음이본릭어두어셰샹리치를아지못
ᄒᆞ엿더니근릭에처음으로셩셔를보매ᄆᆞ음

쟝원량우샹론 뎨ᄉ회
이십륙

이바야흐로셰다라숌이처음으로쎤듯ᄒᆞ고
날빗시ᄆᆞ음에비취는듯ᄒᆞ여내몸에모든죄
악을싱각ᄒᆞ고쇼죽은후에고싱밧음을싱각
ᄒᆞ니문득눈압히당훈모양굿훈지라엇지ᄒᆞ
면이런고싱을면훌고ᄒᆞ야밤울지내도록자
지못ᄒᆞ고문득블울붉히고셩셔를외오다가
예수씨가셰샹에강싱ᄒᆞ샤몸을딕신ᄒᆞ야
목숨을브려사룸을구원ᄒᆞ신다ᄒᆞ눈말녜니
르러눈닉히보고닉히외오다가믄득몸에죄
악잇슴을싱각ᄒᆞ고쇼예수씨의은혜가한

량업슴을 싱각ᄒ야 이에 지셩으로써 하ᄂ
님게 긔도ᄒ되 예수의 우리 사ᄅᆞᆷ을 틱신ᄒ
야 쇽죄훈공으로써 내몸에 죄악을 샤ᄒ심을
브라고 ᄆᆡ양 이러ᄒ기를 마지아니ᄒ엿더니
내 ᄆᆞ음이 ᄌᆞ연 편안홈을 엇어이 날ᄭᆞ지 니르
도록 다만 ᄆᆞ음으로 힝ᄒ기를 텬당에 무궁
훈복을 구ᄒ고 이세샹에 잠간 복을 구ᄒ지 아
니ᄒ오니 이제 샹공의 ᄆᆞ음이 진실ᄒ시오니
샹공도 쇼훈 셩셕를 외오고 예수씨가 우리
죄를 샤ᄒ신 줄을 밋으면 샹공의 ᄆᆞ음도 쇼훈

쟝원량우샹론 데ᄉᆞ회　이십칠

편안ᄒ리이다 원이 글ᄋ티 션싱의 ᄒᆞ시ᄂᆞᆫ 말
숨이다 조셰ᄒ오나 다만 축은 사ᄅᆞᆷ이다 시산
다ᄒᆞᆫ 리치를 흥샹아지 못ᄒ오나 다시 말슴
을 듯고 겨ᄂ이 다 쟝이 글ᄋ티 이제 밤이 임
의 깁헛스니 후일 다시 맛나 말슴ᄒ자ᄒ고 두
사ᄅᆞᆷ이 서로 쟉별ᄒᆞ니라

대오희

원이집으로도라와쟝의말을긔리싱각ᄒ여
밤이깁도록자지못ᄒ고스스로싱각ᄒ여날
으ᄃ내이제나희임의수십룩셰라어려셔부
터사룸의몸에텽혼이잇슴운싱각지못ᄒ고
쇼일죽흔셰라도지셩으로써하ᄂ님을놉
혀공경치못ᄒ엇시니내몸에죄악이허다ᄒ
지라내엇지ᄒ여더옥에고싱을면ᄒ리오맛
당히하ᄂ님게비러내죄를샤ᄒ심을엇스
면곳만번죽어도갑지못ᄒ리라ᄒ고잡시라

도쟝의말을잇지안터니그들보름날에너로
러원이다시쟝의집으로나아가문압희니에
니문득사룸의말소틱가만히들너거늘이에
찻지안코물너나와오동나무아래안찻더니
이우ᄒ여쟝이밧게나와마져드리니원이광
으로더부러말숨ᄒ다가무러굴으ᄃ셰샹에
죽은사룸이다시산다훔은엇더흔리치오쟝
이글오ᄃ죽ᄂ거손이사룸의몸이죽음이오
사는거손이죽은사룸의몸이다시살ᄒ니이
다원이글으ᄃ이제죽은사룸이다시산다훔

은죽은사룸의령혼이젼싱몸을합ᄒᆞ야다시
사ᄂᆞ뇨쟝이ᄀᆞᆯᄋᆞ티셰샹마지막날에니ᄅᆞ러
만만사룸죽은쟈가다시살미니무론ᄯᅡᆼ에뭇
친사룸이던지바다에ᄲᅢ진사룸이던지이날
을당ᄒᆞ여다시사ᄂᆞ니ᄯᆡ개련디기벽홈으로
부터련디다ᄒᆞᆯ날에니ᄅᆞ도록대소귀쳔만만
사룸죽은신톄가령혼을합ᄒᆞ야다시사ᄂᆞ
샹공의귀혼몸이라도ᄯᅩ혼다시살니이다원
이ᄀᆞᆯᄋᆞ티셰샹사룸이죽은후에신톄가다ᄻᅧ
어흙이되리니엇지이젼몸을엇어다시살니

쟝원량우샹론

뎨ᄉᆞ회

이십구

오쟝이ᄀᆞᆯᄋᆞ티셰샹사룸의알고보ᄂᆞ거슨다
한뎡이잇ᄂᆞ지라ᄻᅡ우에일은다눈에보이ᄂᆞ
거시로ᄃᆡ다알기어렵거든ᄒᆞ믈며하ᄂᆞᆯ에일
은눈에보이지안ᄂᆞ거시라엇지다측량ᄒᆞ리
오ᄂᆡ이왕에흔아룸다온ᄉᆞᆺ병을엇어탁ᄌᆔ우
에두엇더니어련ᄋᆞ히들이그병을보고믁리
ᄀᆞᆯᄋᆞ티이거시무엇스로ᄆᆞᆫ든거시뇨ᄒᆞ거ᄂᆞᆯ
ᄂᆡ닐ᄋᆞ틱이거시쳐음에그릇ᄆᆞᆫ든거ᄂᆞᆫ사룸이
흙으로ᄆᆞᆫ든거시라ᄒᆞ니ᄋᆞ히들이웃고ᄲᅢᆯ
울밋지아니홈을보ᄂᆞ세샹사룸이노다이곳

혼지라제힘으로써능히행홀일이면멋으려
니와제힘에능히못홀일은밋지안느니때더
사룸이능히못홀일도 하느님의죠화로는
어렵지아니홈을아지못홈이라이제죽은사
룸으로흐여곰다시살게홈은파연사룸의힘
밧게일이니오직전혀능흐신 하느님은힝
흐심이반드시쉬우리이다원이쏘글으틱사
룸이다시살면무숨모양이되며쏘만만사룸
이다혼쎄에사느뇨쟝이굴으틱과연그러흐
여이다원이굴으틱그려흐면죽은사룸의몸

쟝원량우샹론 데오회　삼십

이다시이왕과굿치되느뇨쟝이굴으틱굿흐
되굿지아니흐니후일다시말슴흐리라흐고
쟉별흐니라

데륙회

스오일지는후에원이쟝을쳥ᄒ야여러친구
와훈가지로즐기다가잔채를파훈후에원이
쟝득려무러글ᄋ틱일젼에션싱의닐ᄋ신바
다시사는사름의몸이이셰샹에몸과굿ᄒ되
굿지안타ᄒ심은엇지닐ᄋ심이노쟝이굴ᄋ
틱그형샹인즉굿지아니훈지라셩셕에닐넛
스되죽는거슨육신의몸이오다시사는거슨
신령훈몸이라ᄒ엿시너그형샹울의론ᄒ면
쏘훈굿지아니ᄒ너때뎌사름의이셰샹에잇

쟝원량우샹론　데륙회
삼십일

눈몸은곳병들며늙으며죽는몸이어너와다
시사는몸은늙지도안코국지도아니ᄒ고쏘
이셰샹에잇는몸은진실노쳔ᄒ고악ᄒ거너
와오직다시사는몸은반드시크게능홈이잇
고크게힘이잇ᄂ너이러홈으로써다시사사는
몸은셰샹에잇는몸과굿지안타ᄒ너이다원
이굴ᄋ틱사름이다시사ᄂ는셰에악훈사름의
몸도션훈사름의몸과굿치되ᄂ노쟝이굴ᄋ
틱크게굿지나니ᄒ너션훈사름의몸은눕고
귀ᄒ고쏘벗눔이잇고악훈사름의몸은곳귀

흠도업고빗눔도업스나그러ᄒᆞ나ᄯᅩᄒᆞᆫ크게힘이잇스니하ᄂᆞ님이그몸을굿세게ᄒᆞ여어려온일을만히밧게ᄒᆞ시고ᄯᅩᄒᆞᆫ다시죽지안ᄂᆞ이다원이ᄀᆞᆯ오되그러ᄒᆞ면다시사는사룸이곳음식도먹고ᄉᆞ업울지으며혼인도ᄒᆞᄂᆞ뇨쟝이ᄀᆞᆯ오되사룸이음식울먹으며ᄉᆞ업울지으며혼인울ᄒᆞᆷ은다이셰샹에잇는일이오다시산후에ᄂ셰샹에셔ᄒᆞ던일이ᄒᆞᆫ가지도업고그ᄯᅢ를당ᄒᆞ여션ᄒᆞᆫ사룸은다시괴로옴도업고혼인ᄒᆞᆷ도업고이에텬스와굿ᄒᆞᆫ모

양이되고오직악ᄒᆞᆫ사룸은훌노무궁ᄒᆞᆫ고싱울밧아디옥에악귀와ᄒᆞᆫ모양이되ᄂᆞ니이다원이ᄀᆞᆯ오되그러ᄒᆞ면하ᄂᆞ님이죽은사룸울다시살게ᄒᆞ심은곳무슴ᄯᅳᆺ이뇨쟝이ᄀᆞᆯ오되다시살게ᄒᆞ심은이만만사룸의령혼으로각각그몸과서로합ᄒᆞ여션ᄒᆞᆫ사룸으로ᄒᆞ여곰이셰샹에잇서하ᄂᆞ님섬기던바션ᄒᆞᆫ힝실을좃차샹울밧고악ᄒᆞᆫ사룸은ᄯᅩᄒᆞᆫ이셰샹에잇서하ᄂᆞ님공경치아니ᄒᆞ던바악ᄒᆞᆫ힝실울좃차벌을밧게ᄒᆞ얏스니샹공은죠셰히

싱각ᄒ쇼셔ᄒ고셔로쟉별ᄒ니라

쟝원랑우샹론　뎨뉵회

삼십삼

데칠회

세못춤졍월보롬날울당ㅎ야돌이볽고하놀
이졍결훈지라원이문득돌빗울좃차쟝의집
에너르러곳찻고져훈다가사롬의소리은은
히둘너거놀눈울술펴방안울엿보니쟝이창
아래안져등불울붉히고글울외오더니훈편
울다훈후예칙울거두어칙샹에놋코ᄉ러안
져비논말울조세히드룰슈업논지라원이싱
각ㅎ되이거시 하ㄴ님게레비ㅎ논가보다
ㅎ고오동나무아래안져기도리며ㅁ음에싱

장원량우샹론　데칠회
삼십소

각ㅎ되내일젼에왓슬쌔에논집안사롬과훈
가지ᄉ려거도ㅎ더니이번논저훌노긔도ㅎ
되두번다향쵹과향안등둘울쓰지아니ㅎ니
이일어가쟝괴이ㅎ도다ㅎ고안졋더니오래
지아니ㅎ여쟝이긔도룰못친후에밧그로나
와원이왓슴울보고마져드려글ㅇ되오날은
졍월보롬날밤이라내ㅁ움에싱각ㅎ되샹공
이반득시친구를모혀말슴ㅎ읍던지훅돌빗
슬좃차구경울가신줄노알고이에오실줄은
싱각지못ㅎ엿노라ㅎ고샤죄훈되원이ㄹㅇ

티내이왕에눈미양이날을당ᄒ여흥샹친구
로더부러노니리구경ᄒ며혹등불을보며혹
화포를노화여리가지풍류를슬져ᄒ엿더니
일즉선싱의말슴을드른후에눈이러훈일이
다ᄆ음에합지못ᄒ여다시힝졔아니ᄒ다가
믓춤오날밤에들이볽고하늘이쳥명ᄒ기로
다시선싱을뫼셔금셕굿훈말슴을듯고져ᄒ
눈이다ᄒ고두사룸이둘아래에셔셔로말ᄒ
다가원이글으틔미가훈일이잇셔뭇고져ᄒ
눈니선싱은나의무례홈을용셔ᄒ쇼셔쟝이

쟝원량우샹론 뎨칠회

삼십오

글으틔샹공은말슴ᄒ쇼셔원이글으틔내젼
일왓슬새에본즉션싱이모든집안사룸으로
더부러훈가지긔도ᄒ심을보옷더니오날밤
에보온즉션싱이챵아리홀노긔도ᄒ심은쏘
훈엇지홈이뇨쟝이글으틔이눈우리셰샹사
룸이모다힝훌일이라때뎌하느님이뎐디
만믈의큰쥬쟝이되샤만가지깃분일노써우
리를주셧시니그런고로부모의게효도ᄒ눈
셩심으로써하느님을셤기ᄂ니셰샹사룸
이춤효도홈이두가지잇스니부모공경홈이

흔가지오부모의뜻울순히흠이흔가지라공
경흠도쏘두가지잇스니밧게흠나히오안에
흑나히니밧게공경흐는쟈는안에공경흐는
즁거가되느니그밧게만공경이잇고그안에
공경이업스면긔즛거시되고그안에공경이
잇스되그밧게공경이업스면곳부쥭흠이되
느니이졔내가혹시모든집사름으로더부러
거도흐며혹시울노거도흠은젼혀　하느님
아바지게효도흐여공경코져흠이니이다원
이글으틱내젼일왓슬셰도보롬날이더니이

쟝원량우샹록　예칠회

삼십륙

제쇼보롬날이라내문득싱각흐건틱넷사룸
이미양초흐로와보롬날을당흐여그조상과
신령의게졀흐는풍쇽이잇더니이제션셩이
쇼흔그러흔모양이요쟝이글으틱이는흔모
양이아니라이졔내가공경흐여졀흐는바는
흘노련디를믄득신　한느님만위흘쓴이니
이다원이글으틱그러흐면뎌　하느님게
졀흠도쏘흔초흐로와보롬날마다흥느묘쟝
이글으틱　하느님게긔도흠은흥로라도쏘
흔굿치지아니흥느니후일으나후느즈나편

흘셰로촛차홀노괴도홀셰도읫스며노훈집
사롬으로더부려홈괴괴도홀셰도읫느이다
원이굴으틱그러호면두가지모양으로써괴
도호느뇨쟝이굴으틱두모양으로써괴도홈
이더욱유익호니미양집안사롬으로더부러
훈가지로 하느님게괴도호면이느모든집
사롬이다제몸에죄를알아 하느님게면홈
울구호고은헤를샤례홈이오쇼모든집사롬
으로호여곰 하느님울공경호고션훈일울
힝호면 하느님이곳은헤를더호야복울주

시느고로모든집사롬으로더부려괴도홈이
크게유익호니이다원이굴으틱모든사롬
으로더부려괴도홈이무숨법이잇느뇨쟝이
굴으틱모든사롬이다모힌후에문득셩셔멋
귀졀을외와두루들닌후에홈괴괴도호느이
다원이굴으틱쏘훈홀노괴도홈은무숨법이
읫느뇨쟝이굴으틱일으나즈나한가훈셰
읫스면문득죠용훈곳에안져무음에싱각호
여셩셔멋귀졀을외오며평싱에지은일과날
마다호눈일울슬펴싱각호여 하느님게괴

도ᄒ되 내 몸에 죄악을 알고 하ᄂ님의 은혜
를 샤례ᄒ며쏘 하ᄂ님이 은혜를 주셔 셩신
이 감화ᄒ여 내 ᄆ음으로 ᄒ여곰 악ᄒᆫ 성각을
브리고 션ᄒᆫ 일을 좃게 ᄒ심을 구ᄒᄂ니 반ᄃ
시 죠용ᄒᆫ 곳에서 긔도흠은 그 듯고 보ᄂ 사람
이 업스메 내 ᄆ음이 편안ᄒ고 셩각이 어즈럽
지 아니ᄒ후에 펼ᄒᆯ새로 좃차 일을 힝ᄒᆷ이오
쏘 하ᄂ님이 사름의 가만히 긔도흠을 보시
고 반ᄃ시 크게 은혜를 베푸러 주시ᄂ이다

쟝원량우샹론

대칠회

삼십팔

대팔회

챠셜원이 하ᄂᆞᆼ님게 긔도ᄒᆞᄂᆞᆫ 법울 듯코 ᄆ
음에 싱각ᄒᆞ다가 굴ᄋᆞ틱 긔도ᄒᆞᄂᆞᆫ 거시 실노
긴졀ᄒᆞ오나 다만 구챠훈 사룸인즉 그리ᄒᆞ게
힘흘 겨릴이 엽스리이다 장이 굴ᄋᆞ틱 긔도ᄒᆞ
눈 일은 다만 오래ᄒᆞᄂᆞᆫ 거시 아니라 사룸의 ᄆ
니 이잇스니 날마다 잠간 ᄉᆞ이면 쏘 훈녁녁ᄒᆞ
니 이다 원이 굴ᄋᆞ틱 만일이 굿호면 젼실노 미
우푯소 오나 ᄯᅦ더 사룸이 졍셩으로써 긔도ᄒᆞ
면 반두시 지물도 엇고 셰샹에 부귀ᄒᆞ리오 장

쟝원량우샹론 대팔회   삼십구

이글ᄋᆞ틱이눈다 ᄆ움 틱로 못훌 일이니 이졔
나눈 하ᄂᆞᆼ님게 긔도ᄒᆞᄂᆞᆫ 일이 세샹에 진물
울 구홈도 아니요 부귀를 구홈도 아니라 다만
하ᄂᆞᆼ님이 내 죄를 샤ᄒᆞ시며 내 ᄆ음을 ᄯᅥᆨ굿
시ᄒᆞ며 내 령혼울 구ᄒᆞ심울 바르ᄂᆞ니 만일 사
룸이 흉샹 지물에 ᄆ음만 잇스면 엇지 사룸의
도리를 다ᄒᆞ여 죽은 후에 다시 사눈 무궁훈 복
울 밧으리오 원이 굴ᄋᆞ틱 이졔 쏘 다시 산다ᄒᆞ
눈 말숨을 드르매 문득 젼일 날ᄋᆞᆫ 바 다시 산
다곰울 싱각ᄒᆞ오니 대뎌 만사룸이 다시 산

후에엇더훈뇨쟝이굴으틱텬하라만만사룸이
다시살셰에사룸울난화득셰물믄도라션훈
사룸은모두훈틱로믜고악훈사룸도쏘훈
훈틱로모힌후에각각심판울밧누이다원이
굴으틱심판이라훔은엇지훈말이뇨쟝이굴
으틱이득셔에사룸을모두셩젼에션악울분
간흐아예수씨의심판훈심울밧누때더
사룸이셩젼에 하누넙의명을좃차션훈일
울힝흐여련당에무궁훈복울밧
게흐고 하누넙의명을어긔여악훈일을힝

훈사룸은디옥에무궁훈화를밧게흐시누니
우리두사룸도쏘훈이심판훔울밧으리니그
셰울당흐면샹공은어틱로가고져흐누뇨
훈틱로가고져흐누뇨악훈틱로가고져흐누
뇨원이굴으틱누구던지션훈틱로가고져아
니흐리오마는다만내죄악이너무만습고쏘
악훈셰샹에잇스니덕울닥고션훈일울힝훔
이엇지어렵지아니흐리오쟝이굴으틱말슴
은울커니와사룸의죄악이만흘지라도만일
진심으로써 하누넙게구흐면반드시에

수씨의 우리 죄쇽ᄒᆞ신 공로를 인ᄒᆞ여 우리 죄
를 샤ᄒᆞ시고 우리 ᄆᆞ음이 비록 쇠굿치 단단ᄒᆞ
여도 하ᄂᆞ님의 셩신이 능히 감화ᄒᆞ리이다
ᄒᆞ고 두 사름이 말숨ᄒᆞ다가 원이 굴ᄋᆞ딕 이제
밤이 임의 깁헛고 사름이 고요ᄒᆞ오니 션셩은
나를 딕신ᄒᆞ야 하ᄂᆞ님게 긔도ᄒᆞ시면 내 이
후에는 스스로 긔도ᄒᆞ는 법을 알니이다 쟝이
굴ᄋᆞ딕 그 말숨이 가쟝 됴타ᄒᆞ고 이에 긔도ᄒᆞ
여닐ᄋᆞ딕 지극히 놉흐신 하ᄂᆞ님이여 이제
우리 두 사름이 이곳에 잇스와 우리 평싱에 지

은 죄악을 하ᄂᆞ님이 다 ᄌᆞ셰히 알ᄋᆞ시고 죄
를 뎡ᄒᆞ실 줄을 엇지 모로 깃숩ᄂ잇가 우리 두
사름이다 제 몸에 잇는 죄악을 알아 하ᄂᆞ님
게 고ᄒᆞ오니 실노 하ᄂᆞ님게 죄를 밧아 디옥
에 무궁훈 고싱을 면치 못ᄒᆞ거시로되 우리
예수씨가 일즉 셰샹에 나려와 몸을 브려 사름
을 딕신ᄒᆞ야 우리 죄를 쇽ᄒᆞ엿소오니 다만
하ᄂᆞ님은 예수의 공로를 인ᄒᆞ여 우리 죄를
샤ᄒᆞ시고 우리 ᄆᆞ음을 붉게 ᄒᆞ시며 우리 셩각
을 썩 굿시ᄒᆞ야 오날부텨 하ᄂᆞ님의 명을 좃

차이왕에악훈힝실을다곳치고다시션훈일

울힝ᄒ게ᄒ시고죽은후에령혼울구ᄒ야련

당에무궁훈복밧기틀원ᄒ옵나이다이제우

리두사룸이 에수의일홈을밧드러지셩으

로써 하ᄂ님게비옵나이다거도롤밋친후

에두사룸이쟉별ᄒ나라

챠셜원이집으로도라와쟝의긔도ᄒ던말을
이리싱각뎌리싱각ᄒ되이사름이가쟝이샹
ᄒ도다ᄂ는보니제가날마다션훈일을힝ᄒ
고사름마다어질다칭찬ᄒ거늘도로허제몸
에죄가만코ᄆ음이악ᄒ다ᄒ고도맛당히디
옥에벌을밧겟다ᄒ니그연고를알슈업는지
라다시맛나면내단뎡코조셰히무르리라ᄒ
더니그후에다시쟝의집에니르러셔로맛나
인ᄉ훈후에원이무러굴으듸내일즉사름의

쟝원량우샹론　데구회

말을드르니모다션싱의덕힝을칭찬ᄒ고나
도쇼훈션싱의신실ᄒ신줄을아는바라젼일
에션싱이긔도ᄒ실셰에몸에죄악이잇노라
ᄒ시오니대뎌나굿치범샹훈사름은쏘훈죄
악이잇ᄉ려너와다만션싱은본리착ᄒ시오
니엇지이리훈말노써긔도ᄒ시ᄂ뇨쟝이굴
으듸다만사름은다밧괴모양만보고안에ᄆ
음을보지못ᄒ되오직　하ᄂ님은사름의밧
거모양과안에ᄆ음을다조셰히알으시고도
사름의사름보는것과　하ᄂ님의사름보시

ᄂᆞᆫ거시크게긋지아니ᄒᆞ야셰샹사ᄅᆞᆷ외ᄉᆞ랑
ᄒᆞᄂᆞᆫ일은 ᄒᆞᄂᆞ님ᄭᅴ위워ᄒᆞ시ᄂᆞᆫ바요ᄯᅩ셰
샹사ᄅᆞᆷ외즐거아니ᄒᆞᄂᆞᆫ일은 ᄒᆞᄂᆞ님의깃
버ᄒᆞ시ᄂᆞᆫ바니그런고로맛당히ᄉᆞᄉᆞ로ᄉᆞᆯ펴
사ᄅᆞᆷ의시비ᄅᆞᆯ판ᄒᆞᄂᆞᆫᄃᆡ로아니ᄒᆞᆯ거시니다
만우리사ᄅᆞᆷ의일동일졍과힝지언어와ᄯᅩᄆᆞ
음에싱각ᄒᆞᄂᆞᆫ일을 ᄒᆞᄂᆞ님이다ᄇᆞᆰ히ᄉᆞᆯ피
시ᄂᆞ니이제우리평싱힝ᄒᆞᆫ일이엇지죄악이
업ᄉᆞ리오녯날현인군ᄌᆞ도만일 ᄒᆞᄂᆞ님이
그죄ᄅᆞᆯ국문ᄒᆞ시면ᄒᆞᆫ사ᄅᆞᆷ이라도츌션ᄒᆞᆫ이

가업ᄉᆞ리니이러홈으로써내ᄉᆞᄉᆞ로올케녁
이ᄂᆞᆫᄆᆞ음을두지못ᄒᆞ고다만 ᄒᆞᄂᆞ님압헤
셔샤죄ᄒᆞ되 ᄒᆞᄂᆞ님이우리 예수씨의공
로올인ᄒᆞ여내죄ᄅᆞᆯ샤ᄒᆞ심을구ᄒᆞᄂᆞ이다원
이이말을듯고싱각ᄒᆞ다가ᄯᅩ무려ᄀᆞᆯᄋᆞᄃᆡ젼
일에션싱의말ᄉᆞᆷ을드ᄅᆞ즉곳심판ᄒᆞᆫ후에모
든션ᄒᆞᆫ사ᄅᆞᆷ은텬당에오르고악ᄒᆞᆫ사ᄅᆞᆷ은디
옥에ᄲᅡ진다ᄒᆞ오니그ᄯᅳᆺ슐대쟝이나알고져
ᄒᆞᄂᆞ이다쟝이ᄀᆞᆯᄋᆞᄃᆡ죽은후에잇ᄂᆞᆫ일을말
ᄒᆞ기어려옴은대뎌죽은후에화와복이ᄂᆞᆫ압

히잇는화와복파굿지아니흠이니이제셰샹
에잇는화복은다한뎡이잇서그복을밧는사
룸이당시에는극히부귀흐고패락흐나반드
시오래지못흐고만일목숨이쓴어지면만가
지복이다업서지고쏘이셰샹에가쟝고싱흐
눈사룸도곳죽는날에밋쳐그고싱이쏘흔다
업서지려니와오직죽은후에복은기리텬당
에잇서셰셰에니로도록업서집이업느니대
개션흔사룸의몸은다시병도업고악흔싱각
도업고근심도업시기리하느님압히잇서

쟝원량우샹론 대구회

수십오

지극히편안흐고지극히쾌락흐여이셰샹에
잇고싱은다버서나고셰샹사룸의아지못
흐는복을밧아만만셰에니르도록기리잇느
니아름답고아름다온지라죽은후에복이여
청컨대샹공은싱각흐쇼셔원이글ㅇ티이제
션싱은쏘죽은후에고싱흐는리치를뎌강말
숨흐쇼셔쟝이글ㅇ티넷글에닐읏시되악흔
쟈는반드시악흠을밧는다흐엿시니뎌더악
흠을밧음이이셰샹에만잇지안코쏘흔오는
셰샹에도잇느니그러흠으로써악흔사름은

그날에 원이 텬당과 디옥의 리치를 론란홈을 듯고 집으로 도라간 후에 밤이 깁도록 잠을 일우지 못ᄒ고 싱각ᄒ더니 문득 빗을 인ᄒ여 화원으로 나와 ᄯᅳᆯ 아래에 셔셔 거닐면셔 기리 복되고 기리 화되눈 리치를 ᄆᆞ음에 싱각ᄒ야 스스로 닐으되 이 셰샹에 잇눈 복은 구ᄒ여도 ᄆᆞ음ᄃᆡ로 엇지 못ᄒᆞᆯ 거시오 만일 엇을지라도 ᄯᅩ 흔 오ᄆᆡ지 못ᄒ고 ᄯᅩ 흔 복으로써 조손을 주지 못ᄒ고 만일 조손이 잇을지라도 크게 유익

장원량우샹론

뎨삼회

슈십칠

흠이 업고 도로혀 해가 잇는지라 내일 죽 셰샹 복을 구흠이 오래되 흥샹 엇지 못ᄒ엿시니 도룸의 몸이 잇는 줄만 알고 다시 령혼이 잇슴을 훈분녕이 아니라 내 이젼부터 ᄆᆞ음에 다만 사아지 못ᄒ여 일신에 의식이나 귀히 녁이고 모다ᄒ고 ᄆᆞ음에 싱각ᄒ다가 문득 머리를 드러 든 션일을 싱각ᄒ엿시니 실노 앗갑도 하늘을 향ᄒ고 ᄯᅩ 싱각ᄒ여 닐으되 우 여반 두시 복이 가득ᄒ고 하ᄂ님의 궁뎐이 잇셔 일만 셩현이 다ᄒ음긔 모혀 무궁흔 복을 밧

으되다만내몸에션ᄒᆞᆫ힝실이업고죄악이만
ᄒᆞᆫ사람이라엇지이죄를셋서브력고더셕굿
ᄒᆞᆫ곳에니르리오내손이더럽고내옷시졍치
못ᄒᆞᆫ면믈노써씻슬려니와내ᄆᆞ음과령혼을
엇지믈노써씻셔졍ᄒᆞ게ᄒᆞ리오만일사람이
죽은후에복만잇고화가업스면곳죽눈거시
무숨어려움이잇스리오뎌사람이제몸에
죄를샤ᄒᆞ지못ᄒᆞ면반두시뎍옥에ᄲᆞ려셰셰
에니로도록무궁ᄒᆞᆫ고싱을밧으리니술푸고
술푸다이세샹에잇눈고싱은반두시오래지

쟝원량우샹론 뎨삼회
삼십팔

못ᄒᆞ거니와곳오눈세샹에무궁ᄒᆞᆫ고싱은다
시버셔나지못ᄒᆞᆯ지라내만일죄를샤ᄒᆞ지못
ᄒᆞ면죽은후에령혼이ᄯᅩᄒᆞᆫ디옥에고싱을면
쳐못ᄒᆞ리니도로혀즘셩만굿지못ᄒᆞ리로다
뎌날즘싱도죽은후에고싱이업고길즘싱
도죽은후에고싱이업고믈고기도죽은후에
고싱이업눈지라뎌의들은살아셔배부르게
먹고편안이자고이젼죄도업고이후죄도업
고살아셔시비도업고죽어셔형벌도업스되
나눈죄인이라셰셰로죄를법ᄒᆞᆼ야죽은후에

화가 잇스리니 슬푸고 슬푸다 내가 찰아 셰샹에 나지 아니ᄒ얏더면 다힝ᄒᆞᆯ 거슬 엇지ᄒ야 싱명율 엇어 죄악이 날노더ᄒ는고 만일 내가 나무돌이나 즘싱이나 되얏더면 지금에 내가 사룸의 형용과 령혼으로 죽은 후에 무궁ᄒ고 싱빗눈 딕비ᄒ면 일만 갑졀이나 도ᄒ리로다 내가 오래 살면 무엇시 유익ᄒ리오 엇지 죽은 후에 화만 더흠이 아니라 사룸이 일년 고싱만 밧아도 어렵다 ᄒ거든 ᄒ물며 쳔만년 무궁훈 고싱을 밧으리오 머리에 털파나무에 닙

쟝원량우샹론 뎨십회

스십구

시는 사룸이 능히 헤여 보려니와 한업슨 무궁훈 셰듸에 고싱은 도모지 다ᄒ는 날이 업스리로다 ᄒ고 밤시도록 ᄆ음에 싱각이 답답ᄒ더니 문득 셕산에 둘이 나려가고 동방에 태양이 쏘아오르매 안개빗치 찬란ᄒ고 샹셔에 긔운이 령롱ᄒ여 산우와 물낫헤 만도금광이라 그 화원 경치롤 쳠보음죽 흘너라 그려ᄒ나 ᄆ음애 홍치가 조금도 업눈지라 인ᄒ야 방안으로 도라와 의복을 곳쳐 닙고 집안 일을 여젼이 호 틱손에 일이 붓지 안코 입에 음식이 달지 아니

쟝원량우샹록 대샹회

오셥

그날느즉흐야원이다시쟝의집울차져가니
쟝이나와마져드려안졋더니쟝이굴으틱샹
공의귀테와모든보권이다평안흐시오니잇
가원이굴으틱지극흔복울힙넙어집안에모
틱식구가다태평흐오나오직내훈사룸의마
음만스스로편안치못흐니이다쟝이굴으틱
무슴불안흠이잇ㄴ뇨원이또틱여어제밤화
원에잇서싱각흐던듯으로써쵸널으묘문
득눈물울흘니거늘쟝이위로흐여굴으틱샹

쟝원량우샹론　뎨십일회　오십일

공은근심치마읍쇼셔대개셰샹사룸이졍셩
으로써무궁흔복울구흐면반드시엇울거시
오지셩으로써무궁흔화ㄹ두려위흐면쏘
훈반드시면흐리니이졔하느님이임의우
리사룸울위흐여훈큰길울여러만만사룸으
로흐여곰다이길노좃차그화ㄹ피흐고그복
으로나으가게흐셧시니다만사룸이일심으
로써무궁흔복울구흐며쏘무궁흔화ㄹ두려
위흐눈쟈눈훈사룸도이길노좃지안눈쟈업
느이다원이굴으틱내이졔싱각흐건대쇼경

사룸이 [illegible] 셜을차 즈엇지못홈곳
효지라내몸에죄악이허다ᄒ오니반드시
하ᄂ님의형벌을밧으리니ᄃᆡ며하ᄂ님이
지극히올으시고지극히붉으시니엇지내죄
를샤ᄒ야주심을브라리오도하ᄂ님이오
날내죄를샤ᄒ시면내이후에맛당히션ᄒ일
울ᄒᆡᆼᄒ리로ᄃᆡ그러ᄒ나내몸에악훈ᄆᆞᅀᆞᆷ이
잇서능히보젼치못ᄒ면오래지못ᄒ야죄를
쏘범ᄒ를가두려워ᄒᄂ이다쟝이ᄀᆞᆯᄋᆞ틱샹공
이이젼에도이런싱각이잇섯ᄂ뇨원이ᄀᆞᆯᄋᆞ

틱도모지엽셧노라ᄒ고손을드러개를가르
쳐말ᄒ되내이젼에는더즘싱과굿치배부르
고편훈것만알고션싱의말슴ᄒ신바무궁훈
화복과령혼이잇슴을싱각도아니ᄒ얏더
이즈음에션싱의말슴을드른후로부터적이
씨다른지라이왕에는내몸에죄잇슴을아지
못ᄒ고ᄆᆞᅀᆞᆷ에스스로닐ᄋᆞᄃᆡ내일즉사룸을
죽임도업고사룸의직물을도젹홈도업고부
모의명을거스리지아니ᄒ니이러홈으로써
밧게사룸이다나룰션훈사룸이라닐ᄋᆞ고내

무음에도 쇼훈 올은 모양으로 알엇더니 이제
다시 싱각건터 내 평싱에 힝훈 일이 죠금도 올
은 일이 업스니 이제런하 만국 가온터 비록 훈
사룸이라도 무궁훈 화를 밧으면 나도 쇼훈 면
치 못 훌지라 대터 훈 사룸 악의 무음애 싱각홈이
엿지 이 굿치 다르뇨 쟝이 굴으티 이는 다름 아
니라 곳 젼일에눈 무음이 붉지 못 호고 금일에
눈 무음이 세다른 고로 써 그러홈이라 이제 비
유호야 눌으면 곳 어두온 밤에 더러온 거시 사
룸의 몸에 뭇어시되 사룸이 스스로 아지 못 훌

다가 봄 울셰를 당호야 더러온 빗치 졉졉 나고
히빗치 더욱 빗최면 더러온 빗치 더욱 나타나
놉지라 이제 샹공의 무음이 쇼훈 그러호오니
이눈 곳 오날에 죄악이 잇고 젼일에 엽손 거시
아니라 오직 오날에 무음이 세다름이라 때더
우리 셰샹 사룸이 모다 어려서 부터 죄악이 잇
스되 다라 안는 사룸이 적으니 사룸이 평싱
에 죄악을 알아 뉘웃쳐 곳치지 못 호면 그 죽은
후에 밋쳐 령혼이 디옥에 섀져 무궁훈 고싱을
당훌셰에 그 죄를 비록 알지라도 셰가 임의 느

첫시 나아모리 죄박쥬룸을 구흥나 셟지 못흥
고 무즁훈 고싱슐 메셔 나꼬져 흥나 능히 머셔
나지 못흥고 련당에 오르고져 흥나 능히 오르
지 못흥리너 이졔 샹공이 몸에 잘못흔 죄를 셰
다르시너 만 힝이로소이다 대더 사룸이 살아
셔 죄룰 면흥고 구원홈을 엇지 못흥면 죽은후
에는 반두시 구원홈을 엇지 못흥리라 흥고 셔
로 뭇고티 답룰 즈음에 이웃 사룸리 지라 흥눈
사룸이 잇셔 무슴 일노써 보기룰 쳥흔대 쟝이
원두려 닐너 글으뫼 밧게 친구가 왓스니 내 잡

간 말훈후에 도라오리너 이 졔샹공은 이 글방
에 안져 칙이나 보쇼셔 원이 샹우희 안져 글을
보다가 믄득 쟝의 말울 깁히 싱각흥고 더옥 무
음에 편안치 못흥여 스스로 싱각흥여 닐으뫼
다만 살아셔 죄샤룸을 엇지 못흥면 죽은후에
눈 다시 령혼을 구원치 못흥니 이졔 내 목
숨이 쓴 구룸 굿흥야 티일 죽을넌지 살넌지 쏘
혼 아지 못흥리너 만일 지금에 죄샤룸을 엇지
못흥면 곳 티일에 엇더흘 줄을 아지 못흐리라 흥
고 무음이 답답흥더니 믄득 쟝이 도라와 말흥

여글으티넷사룸이닐넛시되군즈는글노쎠
벗울숨고고요홈으로쎠직믈울숨는다흐엿
시니이제샹공이글울보시매무숨묘훈싱각
이잇는노원이글으티묘훈싱각은나지안코
다만답답훈싱각만잇슬쓰룸이라내ᄆᆞ음이
실노편안치못흐고내죄를지은거시태산곳
소오니이제선싱은나를위흐야죄를면흐눈
도리를가르쳐주읍쇼셔쟝이그무음이이곳
치셩실흠을보고이에훈권칙을내여보이니
일홈은신약젼셔라원두려닐녀글으티내일

죽고금셔칙울만히보읏시되그즁에혹보옴
죽훈것도잇스나쏘훈사룸의죄를쇽흐며사
룸의령혼을구흐여화를면흐고복을밧눈도
리는론난훈데업는지라다만이칙밧게눈이
런리치를붉히말훔을보지못흐엿스니이제
샹공은이칙을ᄎ셰히보읍쇼셔원이그칙을
밧아외오니글에흐엿스되때뎌하ᄂ님이
훌노나은아들노쎠셰샹에주어밋눈사룸으
로흐여곰디옥에고셩을면흐고무궁흐게사
눈거슬엇게흐시니그셰샹을ᄉ랑흐심이이

뎨십일회

굿다ᄒᆞ엿거ᄂᆞᆯ원이무러글ᄋᆞᄃᆡ내이즌줄을보
ᄯᆡ아지못ᄒᆞᆯ듯이잇스니션싱은가르쳐주쇼
셔쟝이글ᄋᆞᄃᆡ무슴듯이즈셰치못ᄒᆞ심이잇
ᄂᆞ뇨원이글ᄋᆞᄃᆡ글에닐넛시되셰를ᄉᆞ랑ᄒᆞ
심이굿다ᄒᆞ엿시니대개셰훈글ᄌᆞ슷은곳
셰ᄃᆡ라ᄒᆞ는말이며ᄉᆞ랑ᄒᆞ다홈은이에친ᄒᆞ
여ᄉᆞ랑홈이뇨쟝이글ᄋᆞᄃᆡ셰라훈글ᄌᆞ는곳
셰를닐음이아니라이에셰샹을닐음이오
ᄉᆞ랑ᄒᆞ다홈은곳친ᄒᆞ여ᄉᆞ랑홈이아니라이
에어엿비넉이며민망히넉임울닐음이니ᄯᆡ
개하ᄂᆞ님이이셰샹을불샹이넉이샤훌노
ᄂᆞ은아들노써셰샹사룸을주신다훈말슴이
너이다원이글ᄋᆞᄃᆡ훌노나은아들이라훔은
곳엇지훈말이뇨쟝이글ᄋᆞᄃᆡ훌노나은아들
이라훔은곳하ᄂᆞ님의아들예수가셰샹
예나려와사룸을구원ᄒᆞ시다훈말이니이다
원이글ᄋᆞᄃᆡ쏘훈셰샹을준다훔은무슴슷이
뇨쟝이글ᄋᆞᄃᆡ셰샹을준다훔은닐은바하
ᄂᆞ님이우리셰샹사룸의게큰은혜를베프샤
그아들예수씨를보내여셰샹에나려와고

심판훈후에그령혼이굿디옥에쌔져고싱울
밧아만만셰에니르도록다시머시나지못흥
고반드시하누님의령벌을밧아밝귀로더
부러흠긔잇누니괴롭고피로온지라죽은후
에고싱이여슬푸다인싱이얼마나오래노부
귀영화가므음에깃부고쾌락흥나믄득죽는
날에밋쳐는만가지복이다업서지니이제샹
공은싱각흥시고일즉이므음울도루혀하
누님게로도라가면곳텬당에길엽너이다

쟝원량우샹론 대구회

소십록